TABLEAU

DES

LOIS COMMERCIALES

EN VIGUEUR DANS

LES PRINCIPAUX ÉTATS

DE L'EUROPE & DE L'AMÉRIQUE

PAR

Ch. LYON-CAEN
Professeur agrégé à la Faculté de droit de Paris,
Professeur à l'École libre des sciences politiques.

SECONDE ÉDITION
Revue et mise au courant.

PRIX : 2 FRANCS.

PARIS
A. COTILLON & Cie, ÉDITEURS,
Libraires du Conseil d'État,
24, RUE SOUFFLOT, 24.

1881

TABLEAU

DES

LOIS COMMERCIALES

TABLEAU

DES

LOIS COMMERCIALES

EN VIGUEUR DANS

LES PRINCIPAUX ÉTATS

DE L'EUROPE & DE L'AMÉRIQUE

PAR

CH. LYON-CAEN
Professeur agrégé à la Faculté de droit de Paris,
Professeur à l'École libre des sciences politiques.

SECONDE ÉDITION
Revue et mise au courant.

PARIS
A. COTILLON & Cie, ÉDITEURS,
Libraires du Conseil d'État,
24, RUE SOUFFLOT, 24.

1881

TABLEAU

DES LOIS COMMERCIALES

EN VIGUEUR DANS

LES PRINCIPAUX ÉTATS DE L'EUROPE ET DE L'AMÉRIQUE (1).

En comparant ensemble les lois commerciales des différents peuples, on constate entre elles des divergences assez nombreuses. Mais ces divergences sont bien moins importantes et en beaucoup moins grand nombre que celles qui existent entre les lois civiles. Dans tous les pays, la législation commerciale nous présente les mêmes institutions, les sociétés par actions, les effets de commerce, les faillites, les assurances, etc...; et il y a souvent une similitude marquée entre les manières dont ces institutions sont réglementées. Cette similitude entre les lois commerciales des peuples modernes tient à des causes multiples dont les principales méritent d'être constatées.

Les lois commerciales ne sont pas, comme les lois civiles, relatives à des institutions qui, soumises à l'influence des mœurs et de la religion de chaque pays, doivent nécessairement varier avec elles. Les lois commerciales ont pour but de satis-

(1) Cette étude est extraite du cours inédit de législation commerciale comparée, professé par l'auteur à l'Ecole libre des sciences politiques depuis 1876. Une première édition en a paru dans le *Journal du droit international privé*, année 1876, p. 85 et 165 et suiv. et a été publiée à part. Une traduction en anglais faite par M. Napoléon Argles, a été publiée en 1876 sous le titre de : *Table of the foring mercantile laws and codes in force in the principal states of Europe and America.*

les besoins du commerce, et ces besoins sont à une même époque sensiblement analogues partout. La Turquie a, comme cela sera expliqué plus bas (p. 18), des lois commerciales calquées sur les lois françaises, et quel pays pourtant diffère plus de la France par sa religion et par ses mœurs !

Une autre cause plus importante à connaître a contribué à établir des rapports nombreux de ressemblance entre toutes les lois commerciales. Ces lois ont, en réalité, toutes une origine commune. Les peuples de l'antiquité n'ont point eu de droit commercial complet. Chez eux, le commerce était peu développé ; il était même l'objet d'un tel mépris que, comme à Rome, on en abandonnait l'exercice à des esclaves. L'origine des lois commerciales modernes se trouve dans les coutumes des commerçants telles qu'elles se développèrent au moyen-âge. Les gouvernements comprenant trop peu l'importance du commerce pour s'occuper de faire des lois spéciales pour lui, c'était par des coutumes, des usages établis entre eux que les commerçants étaient régis. Ces usages paraissent s'être particulièrement développés dans les villes d'Italie aux XIe et XIIe siècles. De l'Italie ils se répandirent dans toute l'Europe par suite de l'habitude des Italiens, qui exerçaient surtout le commerce de banque, de se rendre aux foires tenues dans les grandes villes. L'admission des coutumes commerciales italiennes dans tous les pays eut une conséquence remarquable : les commerçants, à quelque pays qu'ils appartinssent, étaient régis par des coutumes presque semblables. Aussi a-t-on pu dire qu'alors les commerçants formaient en quelque sorte une seule nation ayant une législation propre (1).

Le droit commercial a été presque partout dépouillé du ca-

(1) Frémery, *Études de droit commercial.*

ractère coutumier qu'il avait au moyen-âge. Les grandes découvertes et les inventions des XVe et XVIe siècles donnèrent au commerce une impulsion énorme. Les gouvernements comprirent alors de quelle importance était son développement pour la prospérité des États ; ils s'occupèrent de faire des lois commerciales. C'est ainsi que de coutumier qu'il était le droit commercial devint un droit écrit.

Tout d'abord les lois commerciales écrites ne portèrent que sur certains points spéciaux, de sorte qu'en général les commerçants demeuraient toujours régis par la coutume. En outre, la plupart de ces lois étaient de simples statuts locaux revêtus de l'approbation de l'autorité publique. Les statuts de plusieurs villes italiennes et espagnoles sont demeurés célèbres (Statuts de Milan, de Vérone, de Gênes, ordonnance de Bilbao) (1). A partir de la fin du XVIIe siècle et surtout à compter du XVIIIe siècle, on tendit dans presque tous les pays à ne plus se contenter de lois commerciales éparses, sans lien entre elles ; le pouvoir central fit des Codes de commerce s'occupant de la plupart des matières du droit commercial. Ce mouvement de codification a entraîné toutes les nations, à l'exception des deux plus grandes nations commerçantes du monde (la Grande-Bretagne et les États-Unis d'Amérique) et des États scandinaves.

C'est à la France que revient l'honneur d'avoir eu la première grande codification du droit commercial. Les deux ordonnances de 1673 et de 1681 étaient de véritables Codes ; la première s'occupait du commerce de terre et de toutes les matières communes au commerce terrestre et au commerce maritime ; la seconde, sous le titre « d'Ordonnance sur la ma-

(1) On désigne sous ce nom un statut de la ville espagnole de Bilbao approuvé par Philippe II en 1560.

rine », était exclusivement relative au droit maritime. Ces deux ordonnances ont une grande importance pour l'histoire de la codification du droit commercial dans le monde entier. Ce sont elles, en effet, dont les dispositions ont été en grande partie reproduites dans le Code de commerce français de 1807, et celui-ci a servi à son tour de modèle à la plupart des Codes étrangers.

L'exemple donné par la France dès le XVIIe siècle, ne fut pas suivi dans les autres États. Plus d'un siècle s'écoula entre les grandes ordonnances du règne de Louis XIV, et la plus prochaine codification du droit commercial à l'étranger. C'est seulement en 1794 que furent codifiées en Prusse les lois commerciales (1). Dans ce pays les règles du droit commercial furent comprises dans une partie de l'*allgemeines Landrecht* de 1794 (2e partie, titre 8, chapitre VII, XV, art. 713 à 2464) et dans le Code général d'organisation judiciaire (*allgemeine Gerichtsordnung*) de la même année.

L'uniformité presque complète de l'ancien droit commercial coutumier disparut, au moins en partie, du jour où des Codes de commerce particuliers à chaque pays furent faits. Les différentes lois commerciales n'en ont pas moins conservé des marques de leur origine commune. Du reste les Codes de commerce ont été, en général, imités les uns des autres ; les lois commerciales de la France ont principalement servi de modèle.

---

(1) M. Goldschmidt, dans son excellente introduction à son manuel de droit commercial, prétend que la première codification du droit commercial a été faite, en Prusse, dans *l'allgemeines Landrecht (Handbuch des Handelsrechts*, page 55, 2e édition, 1874). Le très-savant jurisconsulte nous parait avoir commis là une petite inexactitude. La première codification du droit commercial a été réellement faite en France ; les deux grandes ordonnances de Louis XIV sont de véritables Codes.

On peut sans exagération dire que les lois commerciales ont une certaine tendance à revenir à leur uniformité primitive. Cette tendance qui s'accroît de jour en jour, tient à des causes variées.

Tout d'abord les divergences entre les lois commerciales entraînent de nombreux conflits de lois quand il s'agit d'opérations faites par des commerçants de nationalités différentes. Il y a là une source de procès. On cherche à les éviter en rapprochant le plus possible les lois les unes des autres.

En outre, l'adoption partielle du principe du libre-échange a rendu les commerçants de tous les pays concurrents les uns des autres. Le gouvernement de chaque État désire que ses nationaux soutiennent avec succès cette concurrence. Aussi lorsqu'un progrès de quelque importance est réalisé dans la législation d'un État, les législateurs des autres pays s'empressent souvent de l'adopter, afin que leurs nationaux ne soient pas placés à l'égard des étrangers dans une situation d'infériorité. Cette sorte d'émulation entre les législateurs s'est particulièrement manifestée à propos de l'importante matière des sociétés par actions. En 1856, un bill du Parlement anglais permit la constitution, sans autorisation du gouvernement, ni du Parlement, des sociétés correspondant à nos sociétés anonymes. Après que la France eut conclu avec la Grande-Bretagne le célèbre traité de commerce de 1860, on sentit la nécessité, pour ne pas placer les commerçants et les industriels français dans une situation d'infériorité à l'égard de leurs concurrents anglais, de supprimer l'autorisation préalable. (L. 23 mai 1863, et L. 24 juillet 1867, art. 21.) Cet exemple a été suivi dans la plupart des grands États de l'Europe ; là où il ne l'a pas été encore, on se prépare à le suivre.

Cette tendance vers l'uniformité se remarque particulièrement dans l'intérieur de quelques États dont les différents territoires ont été pendant longtemps soumis à des lois commerciales divergentes. Ainsi, comme cela sera expliqué ci-après, l'Allemagne est parvenue à avoir une législation commerciale uniforme avant la constitution de son unité politique. En Suisse de grands efforts sont actuellement faits pour la confection d'une loi commerciale unique régissant tous les cantons.

Enfin on va aujourd'hui jusqu'à proposer l'unification de certaines lois commerciales; et ce projet a déjà reçu une sorte de commencement d'exécution dans les États scandinaves où une loi unique de 1880 régit les lettres de change et les billets à ordre.

Les ordonnances de 1673 et de 1681 ont cessé d'être en vigueur (1), elles ont été remplacées par le Code de commerce français de 1807. En Prusse, l'*allgemeines Landrecht*, dans la partie relative au droit commercial l'a été par un Code commun aujourd'hui à toute l'Allemagne (voir p. 21 et suiv.).

De tous les Codes de commerce actuellement appliqués, le plus ancien est le Code français, qui est en vigueur depuis 1808. Ce Code doit être cité en première ligne, non-seulement à raison de sa date, mais aussi à cause de la très-grande influence qu'il a exercée sur les codifications étrangères postérieures.

France. — Le Code de commerce français de 1807, traite en 4 livres comprenant 648 articles, de la plupart des grandes matières commerciales. Le premier livre (189 articles), sous le titre *du commerce en général*, est consacré aux commerçants, aux livres de commerce, aux sociétés, aux bourses,

(1) Cela n'est pas absolument vrai pour l'ordonnance sur la marine de 1681. Les dispositions de cette ordonnance concernant le droit maritime administratif sont restées en vigueur en grand nombre (voir la note 1 de la page 13).

aux commissionnaires, aux voituriers, à la lettre de change et au billet à ordre. Le second livre (art. 190 à 436) s'occupe exclusivement, sous le titre *du commerce maritime*, du droit maritime privé. Le troisième livre (art. 437 à 615) est relatif aux faillites et banqueroutes. Il a été l'objet d'une révision générale en 1838. Enfin, le quatrième livre (art. 615 à 648) traite, sous le titre *de la juridiction commerciale*, de l'organisation des tribunaux de commerce, de leur compétence, de la procédure à suivre devant eux.

Le Code français fait à une époque où l'on ne pouvait soupçonner l'énorme développement que prendrait le commerce grâce aux grandes découvertes scientifiques du XIXe siècle, a laissé indécises bien des questions qui ne sont nées que postérieurement et a gardé le silence sur des contrats (les assurances autres que les assurances maritimes, par exemple), dont on ne soupçonnait pas le rôle futur en 1807. Aussi le Code français a cessé d'être complètement au niveau des besoins du commerce et son ancienne influence sur les législations étrangères a beaucoup diminué. Elle tend incontestablement aujourd'hui à passer en partie aux lois commerciales allemandes qui ont les grands avantages d'être plus nouvelles que le Code français, de statuer sur un plus grand nombre de questions et de laisser par suite moins à faire à la jurisprudence. D'ailleurs, tous les Codes étrangers sont beaucoup plus développés que le Code français qui, ainsi qu'on l'a dit avec assez d'exactitude, ne contient guère (sauf pour le droit maritime) que des têtes de chapitres sur les grandes matières commerciales.

Le Code de commerce de 1807 a cependant subi des modifications assez notables. Les principales résultent de la loi du 28 mai 1838 sur les faillites ; de la loi du 23 mai 1863 sur le gage commercial dont les dispositions ont été insérées dans le Code même ; de la loi du 24 juillet 1867 sur les sociétés. La matière des chèques dont le Code ne s'occupait pas, a été réglementée par les lois du 14 juin 1865 et du 19 février 1874.

— Pour présenter le tableau des lois commerciales actuelles dans les principaux Etats autres que la France, nous diviserons ces pays en trois grandes classes :

I. Pays ayant des Codes de commerce, qui ont été rédigés sous l'influence directe du Code de commerce français.

II. Pays ayant des Codes de commerce ne dérivant pas aussi complètement du Code français.

III. Pays n'ayant point de Code de commerce (1).

I.

Parmi les pays où l'influence du Code de commerce français s'est particulièrement fait sentir, il faut citer l'Italie, la Hollande, la Belgique, l'Espagne, le Portugal, la Grèce, la Turquie, l'Egypte et la Roumanie.

Italie. — En Italie, les lois commerciales ont été fort diverses jusqu'à la constitution du nouveau royaume italien. Le Code de commerce français introduit sous la domination de Napoléon Ier, avait continué à être appliqué dans quelques petits Etats, notamment *dans le Grand-Duché de Toscane, dans les duchés de Plaisance et de Parme.* Le Royaume des Deux-Siciles avait, depuis 1819, un Code de commerce propre *(Codice per lo regno delle due Sicilie) ; les Etats de*

---

(1) On peut consulter à ce sujet :

Goldschmidt *(Handbuch des Handelsrechts)*, tome 1, 2e édition, p. 55 et suiv.

Borchardt *(Vollständige Sammlung der geltenden Wechsel und Handelsgesetze aller Länder. Erste Abtheilung, die Wechselgesetze)*, tomes 1 et 2.

l'Église avaient depuis 1821, un Code provisoire (*Regolamento provisorio di commercio*) qu'aucun Code définitif n'a jamais remplacé; enfin un Code de commerce spécial était en vigueur dans les Etats sardes depuis 1843 (*Codice di commercio per gli stati Sardi*). Ce Code, fait sous le règne de Charles Albert, est aussi parfois appelé *Codice di commercio Albertino*.

Après la constitution du royaume d'Italie, cette diversité des lois commerciales ne subsista pas. En 1865, le gouvernement promulgua le Code de commerce italien (*Codice di comcio del regno d'Italia*). Afin de ne pas retarder l'unification du droit commercial, on se borna à mettre en vigueur, dans les pays faisant alors partie du royaume d'Italie, le Code de commerce albertin avec quelques modifications secondaires empruntées spécialement aux nouvelles lois françaises. Ce Code est divisé en quatre livres comprenant 732 articles. Sa division est celle même du Code de commerce français, qui lui sert de base principale.

Au Code de commerce de 1865, se rattache un Code de moindre importance spécial à la marine marchande (*Codice per la marina mercantile*). Promulgué aussi en 1865, ce Code s'occupe dans sa première partie de la police de la navigation et pose quelques principes sur les prises maritimes et le droit maritime international; sa seconde partie contient des dispositions pénales pour la marine marchande (1). Le Code

(1) En France, le droit maritime administratif, n'est pas codifié. Seulement, pour faciliter les recherches au milieu des lois anciennes, un réglement contenant toutes les dispositions en vigueur sous un seul ordre de numéros, a été fait par les soins du ministre de la marine, en 1867. Il a pour titre : *Règlement général sur l'administration des quartiers, sous-quartiers et syndicats maritimes, l'inscription maritime, le recrutement de la flotte, la police de la navigation, la pêche maritime.* Enfin, nous avons un *décret-loi disciplinaire et pénal pour la marine marchande* du 24 mars 1852.

de la marine marchande a été révisé par une loi du 25 mai 1877 (1).

Ces deux Codes ont été, le 1er avril 1871, introduits dans les Etats de l'Eglise. Ils furent aussi le 1er septembre 1871 étendus aux provinces de Mantoue et de Venise. Toutefois la partie du Code de commerce italien concernant les lettres de change et les billets à ordre, n'a pas été introduite dans ces deux provinces ; on y a laissé en vigueur la loi allemande sur le change (*allgemeine Wechselordnung*), telle qu'elle y avait été appliquée sous la domination de l'Autriche.

Le Code de commerce italien, n'est déjà plus d'accord avec les progrès de la législation dans les autres pays. C'est ainsi qu'il exige l'autorisation préalable du gouvernement pour les sociétés anonymes et en commandite par actions. Aussi, dès 1869, le Parlement italien émit le vœu d'une révision du Code de commerce de 1865, en recommandant spécialement de s'inspirer de la législation allemande. Une commission a été constituée et, en 1873, un projet de nouveau Code était publié, puis soumis aux cours de justice, aux facultés de droit et aux chambres de commerce. Il fut présenté en 1877 au Sénat. Depuis lors, de nombreux changements de ministères ont empêché ce projet de venir en discussion. Au début de 1879, pour atteindre plus promptement le but poursuivi depuis si longtemps, le gouvernement a résolu de recourir à un moyen semblable à celui qui fut employé en 1865. Le 13 février 1879, le Ministre de la justice a présenté au Sénat un projet de loi qui autorise le gouvernement à mettre en vigueur le projet de Code de commerce après qu'il aura été modifié par une commission extra-parlementaire. On espérait qu'ainsi le nouveau Code pourrait être mis en vigueur le 1er janvier 1880. De

(1) V. *Annuaire de législation étrangère de* 1878, pages 345 et s.

nouveaux changements de ministère ont encore empêché l'œuvre d'aboutir.

Hollande. — Le Code de commerce français, introduit en 1811, a été remplacé par un nouveau Code *(Wetboek van koophandel)* qui est en vigueur depuis le 1er octobre 1838.

Le Code de 1838 est divisé en 3 livres comprenant 923 articles. L'ordre des matières est identique à celui du Code français. Il n'y a point, comme dans ce dernier, de quatrième livre relatif à la juridiction commerciale ; les tribunaux de commerce ont été supprimés en 1817 (1). Le Code de 1838 est appliqué dans le Limbourg, depuis le 1er janvier 1842 ; il a été, depuis le 1er mai 1848, introduit aux Indes-Orientales.

Dans le grand-duché de Luxembourg, le Code français est toujours appliqué. Mais une loi du 8 juillet 1870 a remplacé le livre III par la loi belge du 18 avril 1851 sur les faillites.

Belgique.— Le Code de commerce français est resté en vigueur dans ce pays après sa séparation de la Hollande. Durant de longues années, ce Code n'y a même pas subi de modifications de quelque importance. Le livre III relatif aux faillites et banqueroutes qui fut révisé en France dès 1838, n'a été modifié en Belgique que par la loi du 13 avril 1851.

Le Code de commerce français est maintenant entièrement remplacé par un Code nouveau. En 1855, le gouvernement belge nomma une commission chargée de préparer un projet de révision des deux premiers livres du Code de commerce. Le projet, émané de cette commission, fut présenté aux Chambres. Ainsi fut votée une loi du 30 décembre

(1) Le jury a été également supprimé en Hollande pour les affaires criminelles ; aussi a-t-on dit fort justement que, dans ce pays, on est peu favorable à l'introduction dans les tribunaux d'un élément non judiciaire.

1867 sur les *Bourses de commerce, agents de change et courtiers*, qui supprime le monopole de ces intermédiaires.

La Chambre des représentants allait encore adopter d'autres projets : le travail fut arrêté par la dissolution des Chambres qui eut lieu le 10 juillet 1870. Le nouveau ministère, adoptan l'idée du précédent, soumit aux Chambres un projet complet. Depuis 1872 ont été promulguées ainsi d'importantes lois destinées à former autant de titres du nouveau Code de commerce belge. Ce sont :

La loi du 5 mai 1872 portant révision des dispositions du Code de commerce relatives au gage et à la commission (1).

La loi du 20 mai 1872 relative à la lettre de change et au billet à ordre (2).

La loi du 15 décembre 1872 (contenant les titres I à IV du livre Ier du Code de commerce) sur les commerçants, leurs conventions matrimoniales, les livres de commerce, la preuve des engagements commerciaux (3).

La loi du 18 mai 1873 sur les sociétés (4) ;

La loi du 11 juin 1874 sur les assurances, qui traite des assurances en général, des assurances des récoltes, des assurances sur la vie (5).

La loi du 21 août 1879 contenant le nouveau livre II du Code de commerce belge (6).

Ces lois, et surtout la loi sur la lettre de change et le billet à ordre, ont pris comme modèle en plusieurs points la législation allemande.

(1) *Annuaire de législation étrangère*, 1873, p. 385 et suiv.
(2) *Annuaire de législation étrangère*, 1873, p. 388 et suiv.
(3) *Annuaire de législation étrangère*, 1873, p. 405 et suiv.
(4) *Annuaire de législation étrangère*, 1874, p. 336 et suiv.
(5) *Annuaire de législation étrangère*, 1875, p. 420 et suiv.
(6) *Annuaire de législation étrangère*, 1880, p. 503 et suiv.

Espagne. — Le Code de commerce espagnol (*Codigo di commercio*), publié le 30 mai 1829, est entré en vigueur le 1er janvier 1830. Il a pour base principale le Code de commerce français et les ordonnances de Bilbao (*ordenanzas da Bilbao*) (1). Il est beaucoup plus développé que le Code français; il ne comprend pas moins de 1219 articles répartis en cinq livres. Le premier (art. 1 à 233) est relatif aux commerçants, à leurs obligations, aux représentants des commerçants (commis) et à leurs intermédiaires (courtiers, commissionnaires). Le second livre (art. 234 à 582) est consacré aux contrats commerciaux en général, à leurs formes et à leurs effets. C'est dans ce second livre qu'il est traité des sociétés de commerce, de la vente commerciale, des effets de commerce. Le troisième livre (art. 583 à 1000) s'occupe exclusivement du commerce de mer. Le quatrième livre (art. 1001 à 1177) a pour objet les faillites et le cinquième la juridiction commerciale. Un Code spécial du 24 juillet 1830 a été fait pour la procédure devant les tribunaux de commerce.

Le Code espagnol a été, en 1832, introduit à Cuba, à Porto-Rico et dans les îles Philippines.

Un décret du gouvernement provisoire du 6 décembre 1868 a supprimé les tribunaux de commerce et modifié un grand nombre d'articles du Code, notamment dans les matières des courtiers et des faillites. Ce décret s'applique aux îles voisines et aux Canaries. Le 1er février 1869 il a été étendu aux possessions situées au delà des mers.

Portugal. — Le Code de commerce portugais (*Codigo commercial portuguez*) est de 1833. Il a subi principalement l'influence des Codes français et espagnol. Il est divisé en deux

(1) On désigne sous ce nom les statuts locaux qui, au XVIe siècle, constituaient la législation commerciale de la ville de Bilbao.

parties comprenant 1860 articles. La première partie (art. 1 à 1287) traite du droit commercial terrestre ; la seconde est exclusivement relative au droit maritime. Il s'applique dans les colonies.

Les Codes espagnol et portugais ont une grande importance, parce qu'ils ont servi de modèle à la plupart des Codes des Etats de l'Amérique du Sud.

— Les Codes de la *Grèce, de Turquie, et de la Roumanie* reproduisent en grande partie les dispositions du Code de commerce français.

Grèce.— Le Code de commerce grec (νόμος ἐμπορικὸς) qui a été publié en 1835, est la traduction presque textuelle du Code de commerce français. Il se divise en trois livres comprenant 614 articles. Le quatrième livre du Code français est remplacé par une loi spéciale du 14 mai 1835 sur la juridiction commerciale quelque peu modifiée en 1851. Une loi sur les faillites a été faite en 1878 et on en prépare une sur les sociétés par actions.

Depuis le 21 mars 1866, le Code grec a été introduit dans les îles Ioniennes réunies à la Grèce en 1863.

Turquie.— La législation commerciale de la Turquie se rapproche sensiblement de celle de la France. Mais les dispositions du droit commercial ne sont pas comme en France contenues dans un seul Code. Elles se trouvent réparties dans quatre Codes différents :

Le Code de commerce publié en 1850 est divisé en deux livres comprenant 315 articles ; il contient les matières renfermées dans les livres 1 et 3 du Code français.

Le Code de commerce maritime de 1864 correspond au livre II du Code français. Il est divisé en 14 titres et comprend 282 articles. Des emprunts nombreux y sont faits aux Codes français et hollandais ainsi qu'au *Landrecht* prussien.

Un appendice du Code de commerce de 1860 divisé en 7 titres et contenant 102 articles, traite principalement de l'organisation des tribunaux de commerce, des protêts, des dommages-intérêts, des intérêts.

Enfin, en 1862 a eu lieu la publication d'un Code de procédure commerciale.

Les Codes de commerce ottomans ne sont appliqués aux Européens que dans les procès entre sujets ottomans et dans les procès mixtes, c'est-à-dire dans les procès entre étrangers et sujets ottomans lorsque le défendeur n'est pas étranger. Ces Codes ne le sont point, au contraire, devant les tribunaux consulaires dans les procès entre étrangers.

Egypte.— A la suite des traités conclus en 1874 et 1875 entre le gouvernement égyptien et les principaux Etats de l'Europe, pour modifier l'organisation judiciaire de l'Egypte (1), de nouveaux Codes ont été promulgués dans ce pays après avoir été soumis à l'approbation des puissances contractantes. Parmi eux se trouvent notamment un Code de commerce en 426 articles, et un Code de commerce maritime en 275 articles, enfin un Code de procédure civile et commerciale.

Roumanie. — La législation commerciale de ce pays comme celle de la Turquie et de l'Egypte est renfermée dans plusieurs Codes.

Le Code de commerce publié en 1840 pour la Valachie seule, a été étendu à la Roumanie entière en 1863 (*Codicele de commerciù alù Terei Românesù*). Il ne contient pas de dispo-

(1) Voir *Communication de M. Louis Renault sur les projets de réforme judiciaire en Egypte. (Bulletin de la Société de législation comparée,* 1875, p. 225 et suiv.)

sitions correspondantes au livre IV du Code français ; l'organisation des tribunaux de commerce et la procédure commerciale sont régies par une loi de 1870, soumise depuis sa promulgation à plusieurs modifications.

Enfin une loi spéciale sur les faillites du 2 novembre 1870 a modifié en plusieurs points le Code de commerce (1).

Serbie.—Un Code de commerce comprenant 170 articles a été publié le 6 février 1860. Il est calqué sur le premier livre du Code français et sur la loi allemande sur le change (V. ci-après p. 22) (2). Les faillites sont régies par une loi de 1861 imitée de la loi autrichienne de 1868.

Monténégro. — Il n'y a pas de lois commerciales écrites.

États de l'Amérique centrale et méridionale.— Presque chacun de ces États a son Code de commerce propre, et le Code adopté par chacun d'eux a subi, en général, principalement l'influence des Codes de commerce espagnol et portugais.

Brésil. — *Codigo commercial do imperio da Bresil* publié en 1850. Ce Code se divise en trois parties et comprend 913 articles. Un titre additionnel comprenant 50 articles est relatif à la juridiction et à la procédure commerciales.

Chili.— *Codigo de commercio de la républica de Chile.* Ce Code est en vigueur depuis le 1er janvier 1867 ; il comprend 1533 articles répartis en quatre livres.

---

(1) La collection des lois roumaines se trouve dans le recueil de Boerescu intitulé : *Codicele romanéscu collectiune complecta de toate legile in vigore in Romania*, 1873.

(2) Ce Code a été traduit en allemand : Blodig, *Handelsgesetzbuch für das Fürstenthum Serbien.*

Colombie.—Dans les neuf États qui forment la République fédérative de Colombie, le Code de commerce fait en 1853 pour la Nouvelle-Grenade, est en vigueur (*Codigo de commercio de la républica de la Nueva Grenada*).

République argentine. — Le Code de commerce (*Codigo de comercio per la Nacion Argentina*) fait en 1859 pour la province de Buenos-Ayres, a été étendu par la loi du 10 septembre 1862 à toute la République argentine.

Mexique. — *Codigo de commercio de Mexico* de 1854. Ce Code divisé en cinq livres comprend 1091 articles. Un projet de nouveau Code de commerce est achevé depuis plusieurs années.

Pérou. — *Codigo de commercio de la républica del Peru.* Ce Code publié en 1853, se divise en cinq livres et comprend 1269 articles. Il suit, comme le Code mexicain, l'ordre du Code espagnol.

Paraguay. — Le Code de commerce argentin y a été introduit en 1870.

Haïti et Saint-Domingue. — Le Code de commerce en vigueur depuis le 1er juillet 1827, se divise en quatre livres comprenant 651 articles; il est calqué sur le Code français.

II.

Jusqu'ici nous avons parlé de pays ayant des Codes de commerce, qui ont été rédigés sous l'inspiration du Code français. D'autres ont des Codes de commerce se rattachant moins directement au Code de 1807. Nous citerons parmi eux l'*Allemagne*, l'*Autriche*, la *Hongrie*, la *Russie*.

Allemagne.—Les lois commerciales actuellement en vigueur dans l'Empire d'Allemagne se divisent en deux grandes catégories. Il y a des lois commerciales (et ce sont de beaucoup les plus importantes et les plus nombreuses) qui régissent tous les États de l'Empire; d'autres sont, au contraire, particulières à certains États allemands.

Deux grandes lois commerciales composent principalement la législation commune à toute l'Allemagne. Ce sont par ordre de date :

a. La loi générale sur le change (*allgemeine Wechselordnung*) de 1848, qui s'occupe de la lettre de change et du billet à ordre.

b. Le Code général de commerce allemand de 1861 (*allgemeines deutsches Handelsgesetzbuch*).

Ces deux grandes lois commerciales sont antérieures à l'unification politique de l'Allemagne; elles ont été faites à une époque à laquelle il n'y avait point de pouvoir législatif central. Comment donc est-on arrivé à obtenir l'unité du droit commercial dans un pays aussi divisé que l'était l'Allemagne avant les événements de 1866 et de 1871?

C'est au *Zollverein* ou Union douanière allemande que revient l'honneur d'avoir provoqué les efforts qui amenèrent l'unification du droit commercial en Allemagne. Les lois commerciales en vigueur dans les États composant la Confédération germanique, étaient, dans la première moitié du XIXe siècle, les plus diverses.

En 1836 et en 1838, dans les réunions périodiques des délégués des États composant le *Zollverein*, des propositions furent inutilement faites dans le but d'arriver à l'uniformité de la législation commerciale. Elles échouèrent devant les difficultés de la tâche qu'on considérait alors comme presque impossible. Dans la conférence générale du *Zollverein*, tenue à Berlin en 1846, le délégué du Wurtemberg fut plus heureux, en se bornant à proposer de tenter d'unifier les lois sur les effets de commerce.

Une commission comprenant des délégués à la fois des États du *Zollverein* et des Etats allemands qui n'en faisaient pas partie (notamment de l'Autriche), se réunit en conséquence à Leipzig. Dans des conférences connues sous le nom de *Conférences de Leipzig*, cette commission prépara, de 1846 à 1848, un projet sur les effets de commerce.

La commission, qui avait ainsi rédigé ce projet, n'ayant aucune autorité législative, ne pouvait pas l'introduire dans tous les États et lui donner force de loi. Par suite, pour arriver à ce résultat, il fallut recourir à des moyens détournés; on n'y parvint que grâce à l'adoption par le pouvoir législatif de chaque État allemand du projet sorti des conférences de Leipzig. On donne généralement le nom de lois introductives *(Einführungsgesetze)* à ces lois qui introduisirent ainsi ce projet sous le nom de loi générale sur le change *(allgemeine Wechselordnung)* dans tous les États, de 1848 à 1862. La loi générale sur le change a été introduite en dernier lieu en 1867 dans le Schleswig et en 1872 en Alsace-Loraine (1).

(1) Voici le tableau par ordre de dates des différentes lois introductives de la loi générale sur le change dans les principaux États particuliers :

Anhalt-Dessau (14 février 1848).
Saxe-Meiningen (22 avril 1848).
Nassau (25 octobre 1848).
Royaume de Prusse (6 janvier 1849 — 15 février 1850).
Grand-duché de Bade (19 février 1849).
Ville de Hambourg (*id.*).
Ville de Francfort-s-Mein (27 mars 1849).
Royaume de Saxe (25 avril 1849).
Ville de Brême (*id.*).
Ville de Lübeck (28 avril 1849).
Royaume de Wurtemberg (6 mai 1849).
Royaume de Bavière (25 juillet 1850).
Hesse électorale (26 octobre 1859).
Principauté de Schaumbourg-Lippe (28 novembre 1862).

L'Assemblée nationale allemande avait, dès le 25 novembre 1848, ordonné la publication du projet de loi de la conférence de Leipzig dans le Bulletin des lois de l'Empire. La loi sur le change devait s'appliquer sur tout le territoire allemand à partir du 1er mai 1849 et les dispositions à prendre dans les différents États pour la mise à exécution de cette loi, ne devaient y introduire aucun changement. Cependant la loi sur le change n'est pas devenue par là commune à toute l'Allemagne. L'Assemblée nationale de Francfort disparut bientôt, et la jurisprudence décida que cette assemblée n'étant que constituante, n'avait pu voter valablement une loi. Aussi fallut-il que la loi sur le change fut introduite successivement dans chacun des États allemands.

L'introduction de la loi générale sur le change avait laissé subsister la diversité des lois commerciales allemandes sur toutes les matières autres que les effets de commerce. Dès 1848, durant la courte existence du Parlement allemand, une commission extraparlementaire avait été instituée pour la préparation d'un Code embrassant le droit commercial entier. Les événements politiques empêchèrent ce travail d'aboutir. Toutefois l'idée d'un Code de commerce commun à toute l'Allemagne n'était pas perdue. Elle fut reprise avec succès en 1856 par la Diète germanique elle-même. Sur la proposition faite à cette diète par le délégué de la Bavière, des représentants de tous les Etats furent nommés par les divers gouvernements pour préparer un projet de Code de commerce. Une commission se réunit successivement, à Nuremberg pour s'occuper du droit commercial terrestre, et à Hambourg pour s'occuper du droit commercial maritime. Le travail, dans lequel on avait pris pour base un projet préparé antérieurement pour la Prusse seule, commença en 1857 et fut achevé en 1861.

Le projet de Code de commerce préparé dans les conférences de Nuremberg et de Hambourg, avait été comme la loi sur le change voté par une commission n'ayant pas d'autorité législative. Il fallut donc aussi que des lois particulières appelées *Einführungsgesetze,* introduisissent le Code de commerce dans chaque Etat, sous le nom de *allgemeines deustches Handelsgesetzbuch.* Ces lois furent rendues de 1861 à 1865. Enfin, le Code fut introduit dans le Schleswig-Holstein en 1867 et dans l'Alsace-Lorraine en 1872 (1).

Dans les conférences de Nuremberg on ne s'était pas borné à préparer un projet de Code de commerce ; on avait aussi rédigé quelques dispositions modifiant la loi sur le change de 1848. Ces dispositions appelées *Novelles de Nuremberg* (*Nürnberger Novellen*) (2) furent également introduites par des lois particulières dans les différents États.

L'unité du droit commercial obtenue grâce à l'introduction dans tous les États de la loi générale sur le change, des Novelles de Nuremberg et du Code de commerce allemand était très-précaire. Ce n'était point à titre de lois générales que ces

---

(1) Voici le tableau par ordre de date des différentes lois introductives du Code de commerce allemand dans les principaux Etats particuliers :
Prusse (loi du 24 juin 1861).
Royaume de Saxe (loi du 30 octobre 1861).
Bavière (loi du 10 novembre 1861).
Grand-duché de Bade (loi du 6 août 1862).
Lübeck (loi du 26 octobre 1863).
Francfort (loi du 17 octobre 1862).
Brême (loi du 6 juin 1864).
Wurtemberg (loi du 13 août 1865).
Hambourg (loi du 22 décembre 1865).
Schleswig-Holstein, 1867.
Schaumburg-Lippe (loi du 5 juin 1869).
Alsace-Lorraine (loi du 19 juin 1872).

(2) On appelle en Allemagne *Novelle,* toute loi nouvelle par rapport à une ancienne à laquelle elle déroge en partie.

lois commerciales régissaient les différents pays de l'Allemagne; elles y avaient été admises à titre de lois particulières. Ainsi on était arrivé à *l'uniformité* plutôt qu'à *l'unité* du droit commercial. A chaque instant, des lois particulières pouvaient rompre cette uniformité obtenue à la suite de tant d'efforts.

Cet état de choses était contraire à l'esprit de la constitution qui, à partir de 1867, régit la confédération de l'Allemagne du Nord. Cette constitution rangeait les matières du droit commercial parmi celles sur lesquelles il appartenait au Parlement central de légiférer. Aussi une loi du 5 juin 1869 déclara que la loi sur le change, les Novelles de Nuremberg et le Code général de commerce allemand, seraient dorénavant considérés comme lois fédérales (1). La constitution de l'Empire d'Allemagne de 1871 les a déclarés lois de l'Empire. De cette façon, le Parlement central seul peut les modifier. Dès lors, la législation commerciale ne fut plus seulement *uniforme*, elle fut *une* pour toute l'Allemagne.

L'unité de la législation commerciale allemande n'était cependant pas complète. Des matières fort importantes étaient encore réglées par les lois particulières de chaque État. Un aperçu rapide des sujets divers traités dans la loi sur le change

---

(1) Les lois introductives de la loi générale sur le change et du Code de commerce allemand, ne se sont pas bornées à mettre ces deux grandes lois en vigueur dans chaque Etat, elles y ont souvent apporté des modifications de détail, de telle sorte qu'elles ont empêché l'uniformité complète. Le législateur de 1869 a eu le désir de la rétablir autant que possible, aussi la loi du 5 juin 1869 (art. 2), décide que les dispositions des lois particulières ne restent en vigueur qu'autant que ce sont des dispositions complémentaires et non modificatives de la loi générale sur le change, des Novelles de Nuremberg et du Code général de commerce allemand. Cette même loi (art. 4) indique cependant un certain nombre de dispositions particulières, qui doivent rester en vigueur exceptionnellement, quoiqu'elles aient apporté des modifications aux lois commerciales communes à toute l'Allemagne.

et dans le Code de commerce, en fournira la preuve.

La loi sur le change, comprenant 100 articles, est exclusivement consacrée aux lettres de change et aux billets à ordre. Elle se divise en trois parties. La première (3 articles) est relative aux conditions de capacité exigées pour s'obliger par lettre de change ; c'est de cette sorte d'effet de commerce que traite la seconde partie (articles 4 à 95) ; enfin, la troisième est consacrée aux billets à ordre (art. 95 à 100). Cette loi sur le change est la partie la plus originale de la législation commerciale allemande ; sur plusieurs points, notamment sur les conditions essentielles de la lettre de change, sur l'endossement, elle a adopté des théories toutes différentes de celles du Code français.

Le Code général de commerce allemand de 1861 se divise en cinq livres et contient 911 articles. Il est rempli de détails et tranche une foule de questions que ne vise même pas le Code de commerce français.

Le premier livre (art. 1 à 84), ayant pour rubrique : *De l'état de commerçant (vom Handelsstande)* définit les commerçants, traite des obligations qui leur sont spéciales (tenue des livres), de leurs auxiliaires (commis) et de leurs intermédiaires (courtiers).

Les deux livres suivants sont consacrés aux sociétés de commerce. Le livre second (art. 85 à 249) traite des sociétés en nom collectif (*offene Gesellschaften*), des sociétés en commandite par intérêts et par actions, et des sociétés anonymes (*Aktiengesellschaften*). Le livre troisième (art. 259 à 270) s'occupe des sociétés qui correspondent à nos sociétés en participation.

Le livre quatrième (art. 270 à 431) intitulé : *Des actes de commerce (von den Handelsgeschäften)* fait l'énumération de ces actes, indique les règles qui leur sont spéciales et traite de la vente commerciale, de la commission, des commissionnaires de transport, du contrat de transport en général et des règles spéciales au transport par chemin de fer.

Le livre cinquième (art. 432 à 911), intitulé : *Du commerce maritime* (*vom Seehandel,*) est entièrement relatif au droit commercial maritime.

Comme le montre cet aperçu succinct, le Code de commerce allemand, à l'exemple du Code français, n'a pas traité des assurances en général; il n'a posé des règles que pour les assurances maritimes. Mais des matières très-importantes comprises dans le Code français, sont tout à fait passées sous silence dans le Code allemand; ce dernier Code ne parle ni de la faillite ni de l'organisation des tribunaux de commerce ni de la procédure à suivre devant eux. Il ne s'était pas occupé de l'organisation des tribunaux de commerce, parce qu'il n'y avait pas d'organisation judiciaire commune à tous les Etats de l'Empire d'Allemagne; que, spécialement, certains d'entre eux avaient des tribunaux de commerce, tandis que, dans d'autres, il n'y avait pas de juridiction particulière pour les affaires commerciales. On avait laissé de côté la matière des faillites pour une raison analogue. Cette matière se lie assez étroitement à la procédure et à l'organisation des tribunaux. Aussi, il est difficile que la loi sur les faillites soit la même dans des États dans lesquels la procédure commerciale et l'organisation judiciaire sont divergentes pour les différentes parties du territoire. Du reste, selon le point de vue qui paraît triompher en Allemagne, les lois sur les faillites se rattachent plutôt à la procédure qu'au droit commercial. Cela était surtout vrai pour les pays dans lesquels (comme dans la plupart des Etats de l'Allemagne) la faillite n'était point une institution spéciale aux commerçants.

Depuis que le Code de commerce allemand est devenu

d'abord loi de la Confédération de l'Allemagne du Nord et ensuite loi de l'Empire d'Allemagne, il a subi quelques modifications. Les principales résultent des deux lois suivantes :

1° De la loi du 11 juin 1870 sur les sociétés par actions. Les dispositions cette loi ont été insérées dans le Code de commerce (1) ;

2° De la loi sur les gens de mer (*Seemannsordnung*) du 27 décembre 1872 (2).

Antérieurement, une loi du 4 juillet 1868 avait été faite sur les associations coopératives (*Genossenschaften*).

L'unité du droit commercial allemand a fait de nouveaux progrès depuis la confection du Code de commerce. La variété des lois a cessé en ce qui concerne l'organisation des juridictions commerciales et les faillites.

L'Allemagne a une loi unique d'organisation judiciaire du *27 janvier 1877*, une loi de procédure civile du *30 janvier* de la même année, une loi sur les faillites du *10 février 1877*. Ces trois lois qui ont presque achevé l'unification du droit commercial allemand, sont entrées en vigueur en même temps, le 1er octobre 1879.

Il n'y a pas encore de loi unique sur les assurances autres que les assurances maritimes. Mais la constitution de l'Empire d'Allemagne de 1871 dispose (art. 4) que « la surveil-« lance exercée par l'Empire, et la législation de l'Empire « s'appliquent aux objets suivants : les prescriptions relatives « à l'exercice d'une industrie, ce qui comprend les assuran-« ces. » Des efforts sont faits pour arriver aussi à l'unité lé-

---

(1) *Annuaire de législation étrangère*, 1872. Traduction et notes de M. Paul Gide, p. 224 et suiv.

(2) *Annuaire de législation étrangère*, 1873. Traduction et notes de M. de Valroger fils, p. 191 et suiv.

gislative en cette matière (1). A la date du 5 août 1879, le Chancelier de l'Empire a adressé une circulaire aux gouvernements des Etats particuliers de l'Allemagne, afin d'avoir leur avis sur les principales questions législatives concernant les assurances ; il ne s'agit toutefois pas de réglementer le contrat d'assurance, mais la constitution et le fonctionnement des compagnies d'assurances elles-mêmes.

Bien que le Code de commerce allemand soit de date assez récente, il est question d'en opérer la révision. En 1874, le Parlement allemand a voté une résolution tendant à ce que le gouvernement fit préparer un projet de Code civil commun à toute l'Allemagne et fit procéder à la révision du Code de commerce. D'après le plan tracé par la commission du Code civil, on insérerait dans le nouveau Code des dispositions sur les assurances, sur la navigation intérieure, sur les traités entre auteurs et éditeurs. La commission du Code civil est fort peu avancée dans ses travaux (2) et ne paraît pas avoir encore abordé la révision du Code de commerce.

Autriche-Hongrie. — Parmi les Etats dans lesquels ont été introduits la loi allemande sur le change et le Code de commerce allemand, il en est un qui, compris autrefois dans la Confédération germanique, ne fait point partie de l'Empire d'Allemagne ; ce pays est l'Autriche-Hongrie.

Quand on s'occupe de la Monarchie austro-hongroise, il est nécessaire pour le droit commercial, comme d'ailleurs pour toutes les autres branches de la législation, de distinguer en-

---

(1) Voir sur ce point Elster, *die Lebensversicherung in Deutschland*, pages 77 et suiv.

(2) Voir *Bulletin de la Société de législation comparée*, 1880, p. 424, communication de M. Bufnoir sur les travaux préparatoires d'un Code civil pour l'Empire d'Allemagne.

tre les deux grandes parties qui composent cette monarchie, l'Autriche ou Cisleithanie et la Hongrie ou Transleithanie.

1. **Autriche.**— C'est seulement dans l'Autriche proprement dite que la loi sur le change a été introduite en 1850, et que le Code de commerce allemand est en vigueur depuis 1863 sous le nom de *Code général de commerce de l'Empire d'Autriche* (*allgemeines Handelsgesetzbuch für das Kaiserthum Oesterreich*).

Les Novelles de Nuremberg n'ont pas été introduites en Autriche. On n'y a pas non plus admis le livre cinquième du Code de commerce allemand relatif au commerce de mer. Actuellement, il n'y a point encore en Autriche des lois maritimes écrites communes à toute cette partie de la Monarchie. Voici sur ce point quel est l'état de la législation (1).

En Dalmatie, on applique le livre II du Code de commerce italien. A Trieste et en Istrie, le droit maritime privé n'est pas codifié, ni même écrit ; on suit les règles posées par les auteurs dans leurs ouvrages, et on se réfère parfois aux dispositions du Code de commerce italien en vigueur dans les contrées voisines. En matière d'assurances maritimes, on applique les clauses générales des polices et une clause spéciale qui se réfère subsidiairement au Code de commerce italien. L'*Editto politico di navigazione mercantile austriaca*, de 1774, avec des dispositions additionnelles postérieures (édition de 1847) contient aussi beaucoup de règles, notamment sur les avaries et les rapports privés du capitaine avec les gens de l'équipage. Une loi du 7 mai 1879 a modifié cet édit sur quelques points importants (2).

---

(1) Les renseignements qui suivent nous ont été fournis par M. Glaser, ancien ministre de la justice, procureur général à la Cour suprême de Vienne.

(2) Voir *Annuaire de législation étrangère* de 1880, p. 301 et suiv., traduction de M. Ch. Lyon-Caen.

Une loi du 25 décembre 1868 sur les faillites (*Concursordnung*) reproduit en grande partie les dispositions de la loi prussienne du 8 mai 1855.

2. **Hongrie.** — En Hongrie, deux grandes lois commerciales nouvelles sont actuellement et depuis fort peu de temps en vigueur. Ce sont par ordre de dates :

1° Le Code de commerce hongrois de 1875 qui est appliqué depuis le 1er janvier 1876 (1);

2° La loi hongroise sur les lettres de change et les billets à ordre de 1876, qui est appliquée depuis le 1er janvier 1877 (2).

Des lois de 1840 modifiées en 1844, régissaient les matières commerciales jusqu'en ces dernières années. Ces lois avaient été le résultat des efforts faits dès 1779 pour la codification du droit commercial hongrois. Après 1848, la législation commerciale de l'Autriche fut introduite en Hongrie. Elle n'y fut pas longtemps admise. Dès 1861, les lois de 1840 furent remises en vigueur. Elles y sont demeurées jusqu'aux lois de 1875 et de 1876.

Le Code de commerce hongrois et la loi hongroise sur les effets de commerce, sont en très-grande partie calqués sur le Code allemand et sur la loi allemande correspondants.

Le Code de commerce hongrois de 1875 ne contient que 566 articles ; il est donc beaucoup moins étendu que le Code

---

(1) Deux traductions allemandes de ce Code ont paru :

L'une ne contenant que la traduction du texte hongrois, est comprise dans un recueil de lois hongroises traduites en allemand, publié à Budapest, sous le titre de *Landesgesetze*.

L'autre traduction contient au-dessous de chaque article du Code hongrois traduit, l'article correspondant du Code de commerce allemand (Budapest, Lafite et Elmer, éditeurs, 1875).

(2) La traduction en allemand a paru dans la collection précitée des *Landesgesetze*.

allemand. Cela tient à ce qu'à la différence de celui-ci, le Code de commerce hongrois ne s'occupe pas de droit maritime. Il s'occupe, par contre, de quelques matières passées sous silence par le Code de commerce allemand : il traite des assurances autres que les assurances maritimes et des contrats entre auteurs et éditeurs pour la publication des œuvres littéraires. Quant à la loi sur le change qui est parfois textuellement la reproduction de la loi allemande, elle se divise comme celle-ci en trois grandes parties.

Il est projeté depuis quelques années d'adopter à la fois en Autriche et en Hongrie le cinquième livre du Code allemand (1). De cette manière les deux parties de la monarchie auront une législation maritime uniforme.

Russie. — Les dispositions dont l'ensemble constitue le droit commercial russe, ont été insérées dans le recueil général des lois russes appelé *Swod Sakonow,* entré en vigueur en 1835. La onzième partie de ce recueil, comprenant 5 livres et 2,883 articles, est consacrée au droit commercial. Les dispositions qui la composent, ont été promulguées successivement depuis Pierre le Grand jusqu'en 1832. En 1857 elles ont été complétées et mises en ordre sous le titre de Code de commerce *(Torgoui oustav).*

En Finlande, il y a une loi spéciale sur les effets de commerce, imitée de la loi allemande, depuis le 1er janvier 1859, et un Code maritime mis en vigueur en 1874 (246 articles) (2).

---

(1) Voir sur ce point *Notice générale sur les travaux du Reichstath en* 1874, par Ch. Lyon-Caen. — *Annuaire de législation étrangère,* 1875, p. 236 et *Bulletin de la Société de législation comparée,* 1876, p. 226 et suiv.

(2) Il a été fait une traduction française de ce dernier Code.

Dans l'ancien royaume *de Pologne*, on suit le Code de commerce français introduit en 1809 dans l'ancien duché de Varsovie, sauf de petits changements.

III.

La Grande-Bretagne, les États-Unis d'Amérique, les États scandinaves n'ont point de Code de commerce. Le droit commercial a même, dans les deux premiers pays, conservé en grande partie son caractère coutumier primitif.

Grande-Bretagne. — La législation commerciale de la Grande-Bretagne a deux sources principales : la coutume (*common law*) et les lois écrites (*statute law*). Ni les coutumes, ni les lois écrites ne sont absolument les mêmes dans les trois parties du Royaume-Uni.

En général, les coutumes commerciales sont identiques en Angleterre et en Irlande ; il y a, au contraire, beaucoup d'usages spéciaux à l'Écosse.

Les parties du droit commercial régies par la coutume sont encore nombreuses et importantes. Il n'y a de lois écrites complètes ni sur les assurances, ni sur les effets de commerce, ni sur les sociétés en nom collectif (*partnerships*). On a toujours considéré jusqu'ici en Grande-Bretagne que l'existence d'un Code est un obstacle aux modifications fréquentes que doit subir la législation commerciale pour satisfaire les besoins incessamment variables du commerce. Aussi, un auteur anglais très-connu, Smith (*Mercantile law*, page 14) va-t-il jusqu'à dire que la codification serait une calamité nationale (*a national evil*) (1).

(1) L'absence de codification des lois anglaises est une source de grandes difficultés dans la pratique. En 1876, la Chambre des communes a

Cependant on paraît, surtout depuis une vingtaine d'années, reconnaître que, pour la sûreté des relations commerciales, des lois écrites sont préférables à des coutumes souvent incertaines. Durant ces dernières années, d'assez nombreuses lois commerciales ont été votées par le Parlement anglais. Parmi ces lois, il en est qui sont communes à tout le Royaume-Uni, tandis que d'autres sont spéciales à l'un des trois pays qui le composent.

Parmi les grandes lois s'appliquant à tout le Royaume-Uni, il faut citer les lois de 1862 et de 1867 sur les sociétés, la grande loi sur la marine marchande de 1854 *(merchant shipping act)*, qui forme un véritable Code (548 articles), modifié notamment par des bills de 1855, de 1862, de 1867, de 1871, de 1872 et de 1876. Au contraire, il y a trois lois distinctes sur les faillites pour l'Angleterre, l'Irlande et l'Ecosse. La loi de l'Angleterre *(bankruptcy act)* est de 1869 (32 et 33 Vict. C. 71), celle de l'Irlande est de 1872 (35 et 36 Vict. C. 58), celle de l'Ecosse remonte à 1856.

Du reste, les diversités entre les lois commerciales écrites de l'Angleterre, de l'Irlande et de l'Ecosse, ne proviennent pas seulement de ce que le Parlement anglais ne légifère parfois que pour l'un de ces trois pays ; elles viennent encore de ce qu'on a laissé en vigueur en Irlande beaucoup de lois votées par l'ancien Parlement irlandais et de ce qu'on a aussi respecté d'anciennes lois écossaises, conformément au traité d'union de 1706, selon lequel les lois écossaises, en matière de droit privé, ne devaient être modifiées qu'autant que cela serait de l'intérêt évident du peuple écossais.

---

nommé une commission chargée de s'occuper de la coordination des différentes lois. En 1876, cette commission a fait un rapport favorable à la codification des lois ayant un même objet, mais elle n'est arrivée jusqu'ici à aucun résultat.

Des bills de 1856 *(the mercantile amendment acts)* ont fait disparaître quelques dviergences entre les lois commerciales des trois pays.

Dans les îles normandes *(Guernesey, Jersey, Alderney et Sark)* et dans l'île écossaise de *Man*, on suit surtout des coutumes locales. Les lois émanant du Parlement anglais n'y sont applicables qu'en vertu d'une clause expresse.

Colonies et possessions anglaises. — Ces colonies et possessions n'ont pas absolument la même législation commerciale que la métropole, et leurs lois ne sont point uniformes. Cependant on peut poser quelques règles générales relativement aux lois qui les régissent.

Le droit coutumier anglais (*common law*) y est généralement suivi. Quant aux lois écrites qui y sont appliquées, on suit les principes généraux suivants :

Dans les colonies anglaises fondées par des colons anglais (par exemple les Barbades, la Nouvelle-Galle du Sud), on applique les lois anglaises en vigueur lors de l'établissement de la colonie. Mais, pour l'avenir, ces colonies reçoivent leurs lois du Parlement local ; les lois votées par le Parlement anglais peuvent sans doute s'y appliquer, seulement il n'en est ainsi qu'en vertu de dispositions formelles.

Dans les colonies cédées à la Grande-Bretagne ou conquises, les lois du pays restent en principe provisoirement en vigueur. Il peut être fait des lois nouvelles par le Parlement local, quand il en est créé un, ou par le Parlement anglais.

Voici quelle est la législation commerciale des principales colonies :

Iles d'Heligoland. — Le droit du Schleswig y est encore en vigueur.

Ile de Malte.— Le droit commercial est en partie codifié dans une ordonnance du 2 octobre 1857, comprenant 11 titres et 320 articles, qui traite notamment des commerçants, des actes de commerce, des bourses, des courtiers, des sociétés, de la commission, des effets de commerce, des faillites, de la compétence des tribunaux de commerce.

Pour toutes les autres matières, il y a des lois spéciales ou l'on observe des coutumes locales.

Colonie du Cap, Natal et Ceylan, etc. — L'ancien droit hollandais est encore en grande partie en vigueur. Il en est de même dans la *Guyane anglaise.* A *Sainte-Lucie*, on suit le droit commercial français ; à *la Trinité*, l'ancien droit espagnol. Toutefois, dans ces trois dernières colonies, on applique le droit anglais sur les effets de commerce.

Canada.— Dans le *Bas-Canada* on suit le droit français modifié en 1866 par le quatrième livre du Code civil (art. 2278 à 2612), qui s'occupe des effets de commerce, de l'affrétement, des différentes espèces d'assurances et du prêt à la grosse. Dans le *Haut-Canada*, on applique le droit anglais modifié en 1859 par une loi (*consolidated statutes for upper Canada*).

Il y a, malgré tout, sur beaucoup de points, une sorte d'uniformité de fait entre les lois commerciales des colonies. Elle tient à ce que les lois nouvelles émanant des parlements coloniaux, ont presque toujours pour base le droit commercial anglais.

Indes Orientales. — On admet encore le principe de la personnalité des lois, de telle sorte que les Européens sont régis par la loi de leur pays. On cherche à abandonner cet ancien principe ; en 1867, a paru un projet de loi sur le change qui doit être rendu applicable dans les Indes à toutes les personnes, sans acception de nationalité.

États-Unis d'Amérique.— Le fondement de la législation commerciale est formé par le droit coutumier anglais. Bien entendu que les nouvelles lois anglaises n'y sont pas applicables. La plupart des lois sont spéciales aux Etats particuliers. L'influence française sur elles a été notable. La seule grande loi commerciale votée par le Congrès, et, par suite, commune à tous les Etats, était la loi sur les faillites du 2 mars 1867. Elle a été abrogée en 1878 et ainsi les règles sur la faillite varient avec les Etats.

États scandinaves. — Aucun des trois Etats scandinaves n'a de Code de commerce, et, quoiqu'il y ait une grande analogie entre la législation du Danemark et celle de la Norwège, cependant il n'y a point, à proprement parler, une législation commune aux Etats scandinaves.

Danemark. — Le Code danois (*Danske lov*) du roi Christian V, du 15 avril 1683, contient un grand nombre de chapitres relatifs aux matières commerciales. On trouve des dispositions de droit maritime dans le quatrième livre.

Il y a, en outre, un grand nombre de lois commerciales séparées. Telles sont les lois suivantes :

Loi sur l'engagement des gens de mer, du 12 mai 1871 ;

Loi du 25 mars 1872 (19 chapitres, 170 articles) sur les faillites ;

Loi du 19 février 1861 relative à la création d'un tribunal commercial et maritime à Copenhague, et aux procès commerciaux et maritimes hors cette ville.

Une commission a été chargée, en 1871, de préparer un projet de Code de commerce ; son travail est déjà achevé pour le droit maritime.

Norwège. — Le Danemark et la Norwège ont eu, en partie, depuis 1536, et complètement de 1687 à 1814, une législation semblable. Les lois commerciales de ces deux Etats étaient encore uniformes 60 ans après leur séparation.

Le Code de Christrian V de 1683, forme la base du droit commercial comme en Danemark.

La loi du 24 mars 1860 (11 chapitres et 138 articles) contient la législation maritime.

La faillite est réglementée par une loi du 6 juin 1863.

Suède.— Le Code général de 1734 (*Sveriger Riker Lag)*, dans sa cinquième partie (*balk*) appelé (*Handelsbalk*), renferme des dispositions sur le droit commercial.

L'ancien droit maritime suédois a été remplacé par une loi du 23 février 1864 dans laquelle on s'est inspiré des Codes français, espagnol et hollandais, du droit norwégien et surtout de la législation allemande.

Les faillites étaient régies par le chapitre 16 de la cinquième partie du Code général de 1734. Actuellement, la loi des faillites en vigueur est celle du 18 septembre 1862, à laquelle il faut joindre les ordonnances des 5 novembre 1867, 12 septembre 1868 et 12 mai 1870.

Il n'y a pas en Suède de tribunaux de commerce et, par suite, il n'y a pas de lois relatives à cette juridiction. On sent la nécessité d'une nouvelle codification. A la seconde Chambre, en 1876, un membre (M. Bergström) a demandé la confection d'un Code de commerce. La Chambre s'est bornée à réclamer, dans une adresse au roi, la présentation d'un projet concordant, autant que possible, avec les lois du Danemark et de la Suède.

Un pas important a été fait dans la voie de l'uniformité des lois des Etats scandinaves. Les Parlements des trois pays, à la suite d'une entente commune, ont adopté en 1880 une même loi sur les lettres de change et les billets à ordre (1). Cette loi en 96 articles est imitée de la loi allemande sur le change.

Suisse. — La Confédération helvétique occupe, au point de vue de sa législation commerciale, un rang à part; il n'y a point, en Europe, d'Etat ayant des lois commerciales plus variées. Parmi les cantons, les uns ont un Code de commerce, les autres ont quelques lois commerciales éparses à côté d'un Code civil contenant quelques règles de droit commercial, d'autres enfin n'ont ni Code civil, ni Code de commerce, ils sont régis presque complètement par des usages commerciaux.

On ne trouve des Codes de commerce que dans les cantons de la Suisse française, et encore parmi ces cantons, les seuls qui en aient, sont les cantons de *Genève*, la portion française du canton de *Berne* et le canton de *Fribourg*. C'est le Code de commerce français de 1807, qui régit les deux premiers cantons. Dans le canton de Fribourg, il existe un Code de commerce de 1849. Ce Code, divisé en 3 livres et comprenant 385 articles, a été publié en français et en allemand, le 26 décembre 1849, pour entrer en vigueur le 1er juillet 1850. Il est surtout imité du Code français; le troisième livre, consacré à la juridiction commerciale, est celui qui diffère le plus de ce Code. Il n'y a pas de dispositions de droit maritime.

Dans les cantons *de Vaud, du Valais, de Neufchatel et du Tessin*, il y a seulement quelques lois commerciales faites surtout sur le modèle des lois françaises.

Vaud. — Loi sur le change du 4 juin 1829. Lois sur les sociétés de commerce du 14 décembre 1852.

---

(1) Une traduction française en a paru à Copenhague.— Voir sur cette loi, *Revue de droit international*, notice de M. Asser (1880, pages 649 et s.).

Valais. — Lois sur les sociétés de commerce du 20 novembre 1856.

Neufchatel.— Loi sur quelques matières commerciales du 3 juin 1833 traitant des livres de commerce, des sociétés de commerce, des lettres de change. — Loi du 4 janvier 1833 sur la commission.

Tessin. — Le Code civil du Tessin du 16 juin 1837 contient des dispositions de droit commercial, notamment sur les sociétés de commerce et sur les lettres de change.

Dans les cantons allemands, il n'y a pas de Code de commerce. Les Codes civils contiennent des dispositions de droit commercial, il existe dans presque tous ces cantons une loi sur les effets de commerce et parfois des lois sur quelques autres matières commerciales. Les cantons de *Schwitz, d'Uri* et de *Bâle-campagne*, n'ont ni Code civil, ni Code de commerce; le droit commercial y est purement coutumier. Subsidiairement on recourt à la doctrine et à la pratique allemandes. Dans la Suisse orientale, le Code civil de *Zurich* est adopté à *Schaffouse, Thurgovie, Zug et Unterwalden.* Dans les cantons de *Berne, Lucerne, Argovie, Soleure*, les Codes civils sont modelés sur le Code autrichien. Les Codes civils *des Grisons et de Glaris* sont les plus originaux.

La diversité des lois suisses est d'autant plus fâcheuse qu'il n'y a point en Suisse de droit commun subsidiaire auquel on se refère également dans tous les cantons quand les lois particulières sont silencieuses.

Des tentatives ont été faites à plusieurs reprises pour arriver à l'unité de la législation commerciale.

En 1854, sur la proposition de 14 cantons, a été préparé un projet de loi sur les effets de commerce calqué en partie sur la loi allemande sur le change. Ce projet n'a été introduit que dans 6 cantons (et cela avec des modifications) : Argovie (Loi du 12 février 1857), Soleure (Loi du 28 février 1857), Berne (Loi du 3 novembre 1859), Lucerne (Loi du 30 décembre 1860), Schaffouse (Loi du 23 février 1863), Bâle-ville (Loi du 20 avril 1863).

En 1862, sur l'initiative du ministère fédéral de la justice, le professeur Münzinger (de Berne) fut chargé de préparer un projet de Code de commerce pour la Confédération. Ce projet, soumis en septembre 1863 à une commission spéciale choisie par le Conseil fédéral, fut publié en 1864. Les choses en restèrent là, parce que dès cette époque, on pensait à réformer la constitution fédérale dans un sens unitaire.

En 1868, des délégués de quinze cantons réunis en conférence à Berne, décidèrent de prier le Conseil fédéral de faire préparer, pour les soumettre à l'acceptation des cantons, une loi générale sur les obligations et une loi sur les faillites et les poursuites pour dettes. M. Münzinger fut chargé de rédiger le premier projet, M. Heusler, professeur à Bâle, devait s'occuper du second.

Dans ces entrefaites, fut votée la nouvelle Constitution suisse de 1874. L'article 64 décide que les matières de droit commercial sont du ressort de la Confédération et paraît devoir ainsi rendre facile l'unification de la législation commerciale.

Deux tentatives ont été faites depuis 1874 pour la réaliser.

Le projet de M. Heusler fut repris en 1875 ; une commission fédérale arrêta un projet sur *les faillites et les poursuites pour dettes*. Le projet qui admettait la faillite même pour les non-commerçants, souleva de vives réclamations surtout dans les cantons de la Suisse française. Il n'a été donné jusqu'ici aucune suite à ce projet.

Le projet de M. Münzinger fut révisé et imprimé en 1876,

puis en 1877 sous le titre de *Loi fédérale sur les obligations et le droit commercial*. Cette sorte de Code a été soumis aux tribunaux et aux facultés de droit, de nouveau révisé par une commission spéciale, réimprimé en juillet 1879 et présenté aux Chambres en novembre de la même année. Ce projet comprend 885 articles. Il se divise en deux parties, une partie générale (art. 1 à 244) et une partie spéciale (art. 245 à 885). La partie générale contient les principes généraux sur les obligations ; la partie spéciale renferme les règles relatives aux principaux contrats civils ou commerciaux (vente, louage, commission, contrat de transport, lettres de change, billets à ordre, chèques, etc...).

TABLE DES MATIÈRES

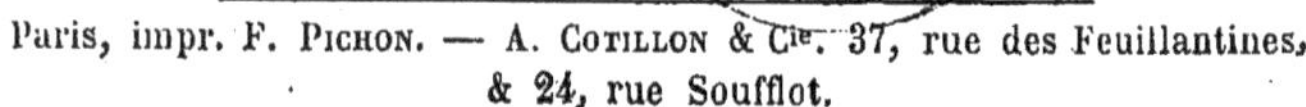

Paris, impr. F. Pichon. — A. Cotillon & Cie, 37, rue des Feuillantines, & 24, rue Soufflot.

OUVRAGES DU MÊME AUTEUR :

De la condition légale des sociétés étrangères en France. 1 vol in-8°. 3 fr.

De la condition légale des sociétés étrangères en France et en Autriche. In-8°. . . . . 1 fr. 50

Étude sur la loi de 1877 relative aux brevets d'invention dans l'empire d'Allemagne. In-8°. 1 fr. 50

Loi allemande du 25 mai 1877 sur les brevets d'invention, traduite et annotée. In-8°. . . . . . . 2 fr.

Le congrès international des brevets d'invention tenu à Vienne en 1873. In-8°. . . . . 1 fr. 50

De la nécessité de l'uniformité des lois sur les marques de fabrique ou de commerce emblématiques et sur le nom commercial. In-8°. 1 fr. 50

Les Facultés de droit et des sciences politiques dans les Universités autrichiennes. In-8°. » »

Code d'instruction criminelle autrichien de 1873, traduit et annoté par MM. Bertrand et Lyon-Caen. In-8°. . . . . 7 fr.

Précis de droit commercial (en collaboration avec M. Louis Renault, professeur agrégé à la Faculté de Droit de Paris). 1er *fasc.* paru. . . . . 5 fr.

Le 2e fasc. est sous presse.

Paris, impr. F. Pichon. — A. Cotillon & Cie, 37, rue des Feuillantines, & 24, rue Soufflot.

www.ingramcontent.com/pod-product-compliance
Ingram Content Group UK Ltd.
Pitfield, Milton Keynes, MK11 3LW, UK
UKHW020409220726
13923UKWH00004B/1843